내일도 지구에서 신나게 지내려면

미래를 지키는 환경 상식

조성문 글　신병근 그림

사계절

작가의 말

환경 상식을 통해 안전한 내일을 만들어요

'환경'이란 우리 주변의 모든 것을 말해요. 숲, 강, 공기 같은 자연환경뿐만 아니라, 인간이 만든 집, 학교, 도로 같은 인공 환경도 모두 환경의 일부예요. 우리는 왜 환경 문제에 관심을 가져야 할까요? 그건 환경이 우리 건강과 생존에 직접적인 영향을 미치기 때문이에요. 미세먼지로 공기가 오염되거나, 녹조 때문에 물이 오염되거나, 기후 변화로 자연재해가 발생하는 것처럼, 환경 문제는 이미 우리 일상에 큰 영향을 주고 있어요.

또한, 환경 문제는 모든 생명이 서로 연결되어 있다는 점에서도 중요해요. 인간이 환경을 파괴해서 식물과 동물의 삶에 나쁜 영향을 주면 결국 그 영향은 인간에게 다시 돌아와요. 그래서 환경을 보호하는 일은 우리가 잘 살아가기 위해 반드시 필요한 일이에요.

이 책은 환경 문제에 관한 지식을 전달하는 것에 그치지 않고, 우리가 어떻게 환경 문제에 대응할 수 있는지 이야기하려고 해요. 환경 문제가 생기는 이유와 그 영향을 과학적으로 설명하고, 우리가 일상에서 실천할 수 있는 방법을 소개해요. 작은 실천이 모여서 지구를 구하는 큰 힘이 될 수 있다는 걸 알려 주고, 환경을 위한 실천이 사실 그렇게 어렵지 않다는 걸 전하고 싶어요.

환경 문제는 우리 모두가 함께 해결해야 하는 문제니까, 오늘부터 첫 걸음을 내딛는 것이 중요해요. 우리 모두의 작은 실천이 모여 큰 변화를 만들 수 있도록, 여러분도 적극적으로 참여해 주세요.

2025년 12월

조성문

차례

3부 녹조

4부 생물다양성과 외래종

1부
미세먼지

1 | 미세먼지가 뭐예요?

"전국 대부분 지역에서 미세먼지 농도가 높게 나타나겠습니다"라는 말, 뉴스에서 한 번쯤 들어 본 적 있지 않나요? 미세먼지는 공기 중에 떠다니는 아주 작은 먼지를 말해요. 미세먼지를 생각하면 뿌연 하늘과 마스크를 써야 하는 불편함이 떠오를 거예요. 요즘에는 외출할 때 그날의 날씨와 함께 미세먼지 농도를 확인하는 게 일상이 되었어요.

우리가 숨 쉬는 공기에는 수많은 먼지가 있어요. 미세먼지는 이 중에서도 특히 작아서 눈에 보이지 않는 먼지예요. 미세먼지는 크기에 따라서 '미세먼지'와 '초미세먼지'로 나뉘어요. 미세먼지는 10㎛(마이크로미터)보다 작은 먼지를 말하고, 초미세먼지는 2.5㎛보다 작은 먼지를 말해요. 1㎛는 0.0001㎝예요. 그 크기가 어느 정도인지 잘 모르겠다고요? 이

정도 크기면 우리 머리카락 지름(약 50~70㎛)보다 훨씬 작은 수준이에요. 이처럼 미세먼지는 너무 작아서 코나 입에서 걸러지지 않고 우리 몸속으로 들어와 문제를 일으킬 수 있어요. 한편, 봄철에 자주 볼 수 있는 '황사'는 중국 북부나 몽골 사막 지역의 흙먼지와 모래가 상한 바람을 타고 우리나라로 날아오는 현상이에요. 황사는 입자 크기가 약 5~8㎛로 미세먼지와 비슷해요.

미세먼지(PM_{10}), 초미세먼지($PM_{2.5}$) 농도별 예보 등급

예보 내용		좋음	보통	나쁨	매우 나쁨
예측 농도 (㎍/m³, 1일)	미세먼지 (PM_{10})	0~30	31~80	81~150	150 초과
	초미세먼지 ($PM_{2.5}$)	0~15	16~35	36~75	75 초과

2 | 미세먼지, 왜 생기나요?

미세먼지는 자연적으로 발생하기도 하고, 인위적(자연의 힘이 아닌 사람의 힘으로 이루어지는 것)으로 발생하기도 해요. 자연적 원인으로는 바람에 날리는 흙먼지나 모래, 산불로 나무가 타면서 발생하는 먼지, 꽃가루 등이 있어요. 바다 근처에서는 바람에 실려 오는 바다의 소금 입자가 공기 중에 떠다니면서 미세먼지를 만들기도 해요. 자연적으로 발생하는 미세먼지는 계절에 상관없이 여러 가지 원인으로 생길 수 있어요.

미세먼지는 사람의 활동으로 발생하기도 해요. 우리가 무언가를 만들거나 사용할 때 발생하지요. 예를 들면 공장에서 물건을 만들 때 나오는 대기 오염 물질, 자동차가 달릴 때 나오는 배기가스, 건물을 지을 때 발생하는 흙먼지, 화력 발전소에서 석탄이나 기름을 태울 때 나오는 연기

등이 미세먼지의 원인이 되고 있어요.

공기 중의 미세먼지 농도는 계절에 따라 다르게 나타나요. 봄에는 건조하고 바람이 많이 불어 황사가 발생해 미세먼지 농도가 높아져요. 여름에는 비가 자주 내려서 대기 중의 오염 물질을 씻어 주기 때문에 미세먼지가 줄어들어요. 가을에는 바람이 많이 불어 대기 순환이 잘 이루어져 미세먼지가 적고, 겨울에는 난방 등 연료 사용이 증가해서 다시 미세먼지가 많아져요.

3 | 미세먼지는 어떤 영향을 주나요?

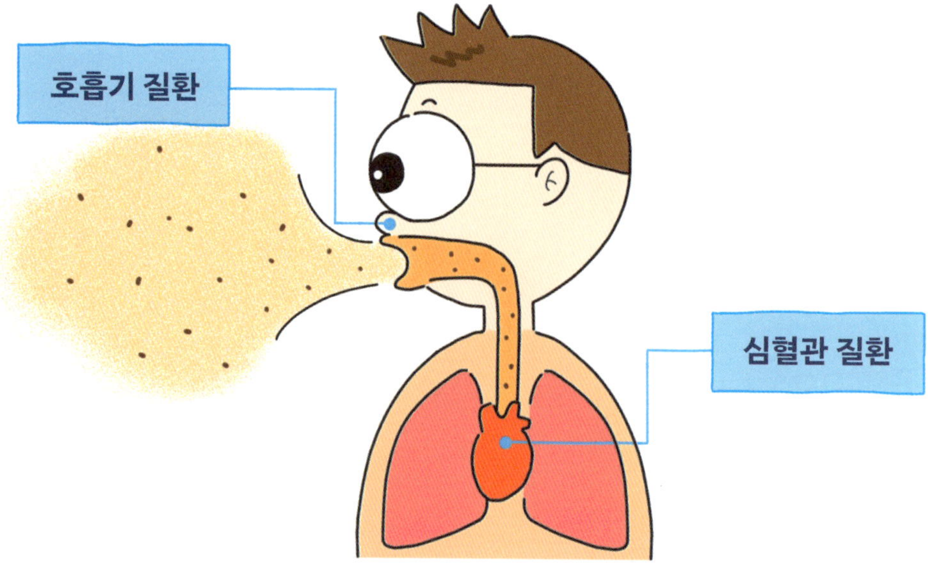

일반적인 먼지가 우리 몸속에 들어오면 코털이나 기관지 점막에서 걸러져서 몸 밖으로 나가지만, 미세먼지는 너무 작아서 걸러지지 않아요. 걸러지지 않은 미세먼지는 우리 몸속 깊은 곳까지 들어와 건강에 문제를 일으킬 수 있어요. 미세먼지가 몸에 들어오면 면역 세포가 이를 막으려고 하는데, 이 과정에서 염증이 생길 수 있어요. 염증은 기도, 폐, 심장, 뇌 같은 기관에서 문제를 일으킬 수 있지요.

미세먼지는 토양과 농작물에도 나쁜 영향을 줘요. 미세먼지는 산성비를 만드는데, 산성비는 토양을 손상시켜요. 또, 미세먼지는 식물의 기공(식물의 잎이나 줄기의 겉껍질에 있는 작은 구멍)을 막아서 광합성을 방해해요. 광합성이 잘 안되면 농작물이 제대로 자라지 못해요. 초미세먼지는

꿀벌의 방향 감각을 떨어뜨려 꿀벌의 활동을 방해할 수 있어요. 꿀벌은 꽃가루를 옮겨 농작물이 잘 자라도록 도와주는데, 꿀벌의 활동에 문제가 생기면 농작물 수확에 나쁜 영향을 줘요.

미세먼지는 산업 활동에도 문제를 일으켜요. 예를 들어, 반도체 산업은 미세먼지에 아주 민감해요. 미세먼지가 있으면 제품의 불량률이 높아지기 때문이에요. 자동차 산업에서는 미세먼지가 도장 공정(페인트를 칠하는 과정)에 문제를 일으킬 수 있고, 자동화 기계를 오작동시킬 수 있어요. 또, 미세먼지 때문에 가시거리(눈으로 볼 수 있는 거리)가 짧아지면 비행기나 선박의 운항에도 차질이 생길 수 있어요.

이렇게 대응해요!

① 우리 사회는 이렇게 대응하고 있어요

대기 오염 물질 배출량 제한하기

서울, 부산, 울산, 광주 등 대기 오염이 심각한 지역에서는 공장에서 내보낼 수 있는 대기 오염 물질의 양을 정해 놓고, 정해진 양 이상으로 오염 물질을 배출하지 못하도록 하고 있어요.

친환경 자동차 이용 늘리기

정부는 사람들이 친환경 자동차를 더 많이 이용할 수 있도록 전기차나 수소차 충전소를 많이 만들고, 친환경 자동차를 타는 사람들에게 주차 요금이나 통행료 할인 같은 혜택을 주고 있어요.

도로 위 미세먼지 청소하기

정부는 '도로 재비산먼지 이동측정차량'을 이용해 도로에 먼지가 얼마나 날리는지 확인하고 있어요. 먼지가 많으면 진공노면 청소차, 분진흡입 청소차, 고압살수차 등을 활용해 도로의 먼지를 청소해요.

② 생활 속에서는 이렇게 대응해요

외출 시 주의하기

미세먼지 농도가 높을 때 어린이, 노인, 호흡기 질환자는 가급적 외출을 하지 않는 것이 좋아요. 꼭 밖에 나가야 한다면 식약처에서 인증한 보건용 마스크(KF80, KF94 등)를 쓰고, 차가 많이 다니는 길을 피하는 것이 좋아요.

외출 후 깨끗하게 씻기

외출하고 집에 돌아오면 손을 흐르는 물에 꼼꼼히 씻는 것이 중요해요. 그리고 양치질을 통해 입속에 남아 있는 미세먼지까지 깨끗하게 없애 주는 것이 좋아요.

실내 미세먼지 관리하기

미세먼지가 심한 날에는 집 안으로 미세먼지가 들어오지 않게 주의해야 해요. 창문을 꼭 닫아 바깥 공기가 들어오는 것을 막고, 청소를 할 때는 먼지가 날리지 않도록 물걸레를 사용하는 것이 좋아요.

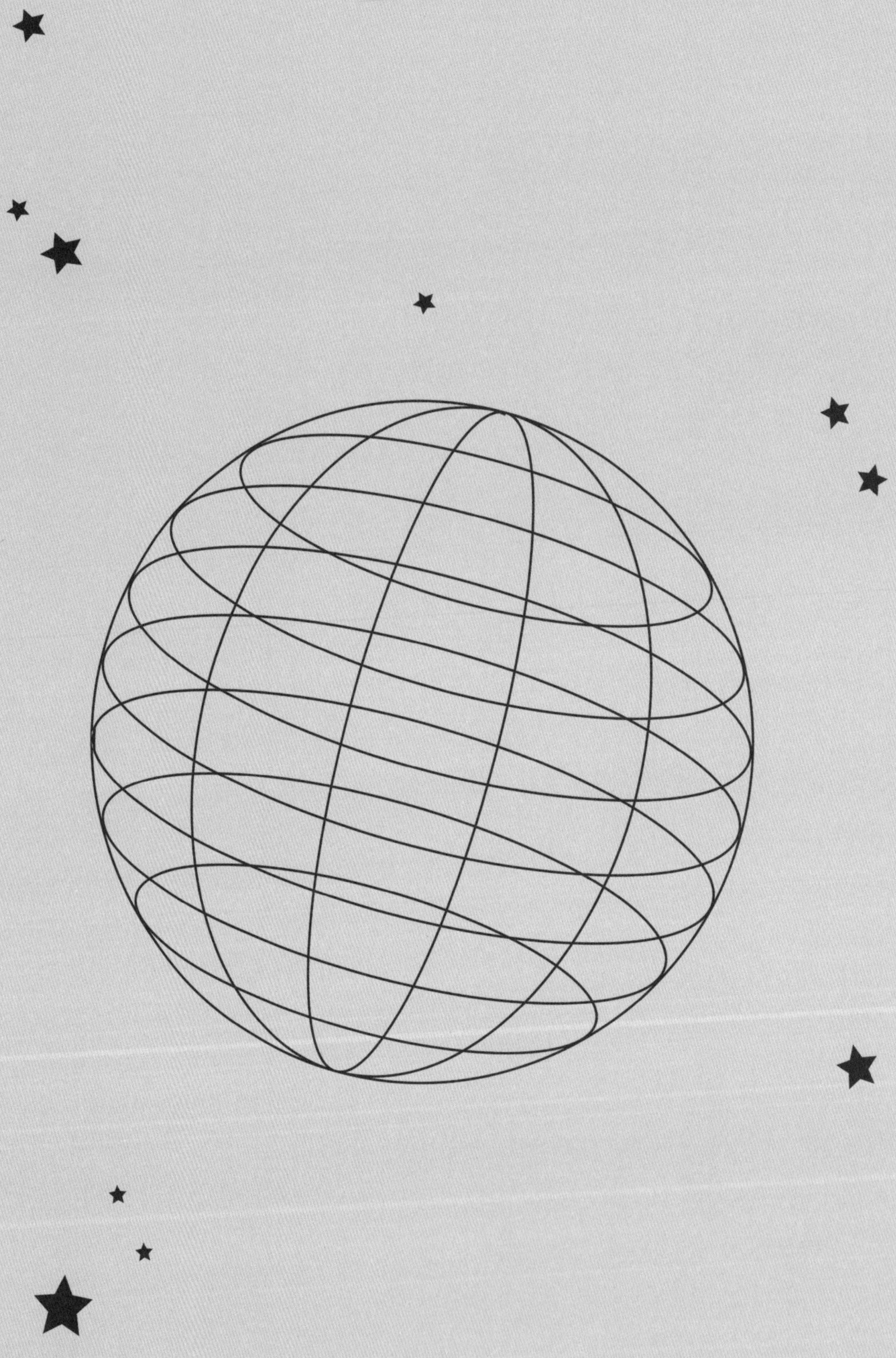

2부

오존

1 | 오존이 뭐예요?

오존은 대기권에 존재하는 기체 중 하나예요. 무색이거나 아주 옅은 파란색을 띠고, 우리 눈에 보이지 않아요. 대기권은 지구를 둘러싸고 있는 공기의 층이에요. 지구 표면에서 가까운 순서대로 대류권(약 0~10km), 성층권(약 10~50km), 중간권(약 50~80km), 열권(약 80km~600km)으로 나뉘어요. 오존은 우리가 생활하는 대류권과 그 위 성층권에 존재하는데, 두 층에서 서로 다르게 작용해요.

먼저, 성층권에는 오존이 밀집되어 있는 구역인 '오존층'이 있어요. 오존층은 태양에서 나오는 자외선을 막아 주는 중요한 역할을 해요. 만약 오존층이 없다면 강력한 자외선이 지구 표면으로 곧장 들어오게 되고, 우리 피부에 닿아 피부 화상이나 피부암 같은 질병을 일으킬 수 있어요.

그런데 1970년대 산업화 이후 오존층이 파괴되기 시작했어요. 에어컨이나 냉장고의 냉방 및 냉각을 위해 쓰였던 프레온 가스 같은 화학 물질이 대기 중으로 배출되면서 오존층의 오존을 감소시켰기 때문이에요. 이에 1987년 세계 여러 나라들은 오존층 파괴 물질의 배출을 제한하는 국제 협약(몬트리올 의정서)을 맺었어요.

오존은 우리가 생활하는 대류권에도 존재해요. 대류권의 오존은 대기 오염 물질이에요. 오존의 농도가 일정 기준 이상 높아지면 사람과 동식물에 나쁜 영향을 줘요.

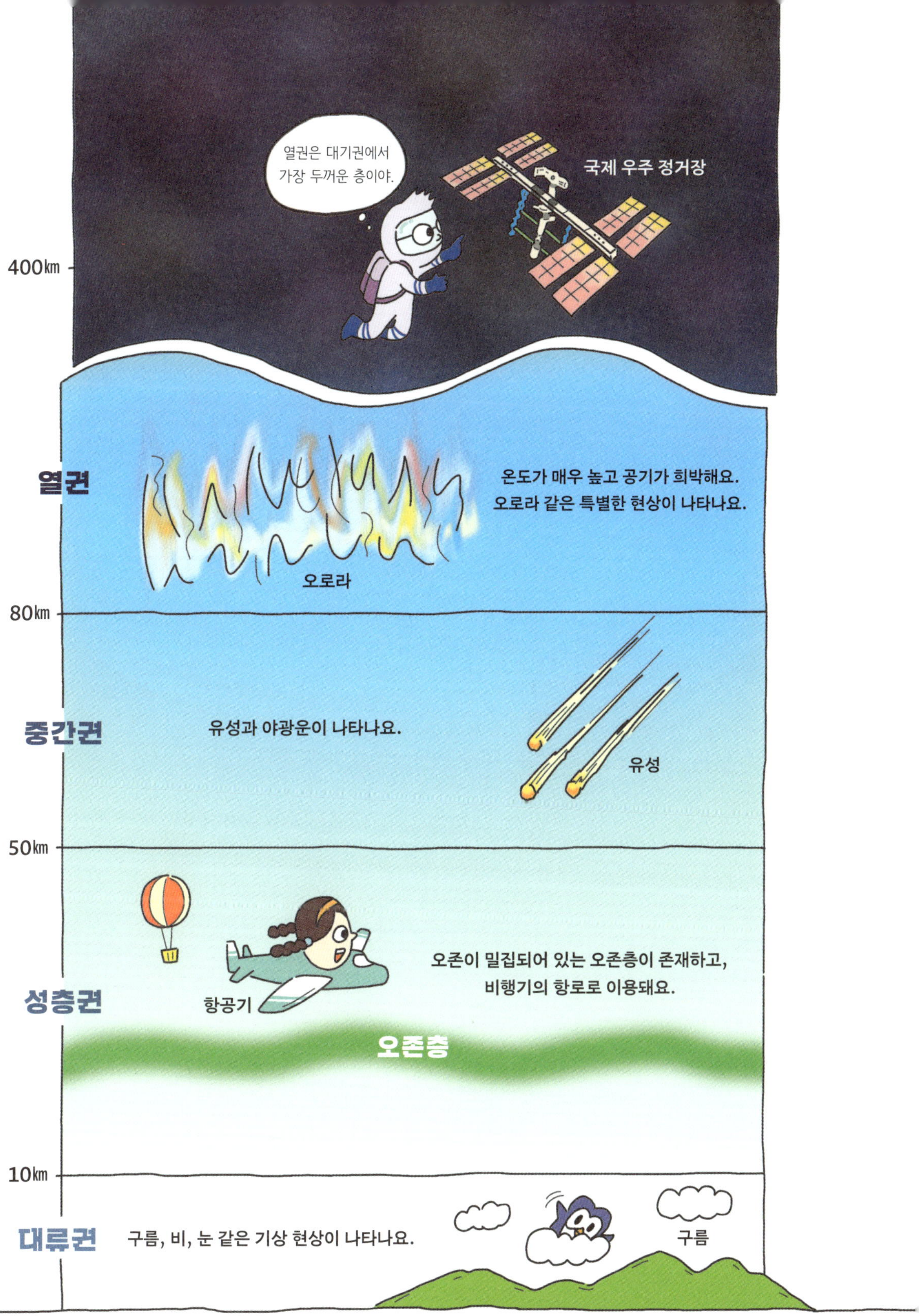
열권은 대기권에서
가장 두꺼운 층이야.
국제 우주 정거장
400km
열권
온도가 매우 높고 공기가 희박해요.
오로라 같은 특별한 현상이 나타나요.
오로라
80km
중간권
유성과 야광운이 나타나요.
유성
50km
성층권
오존이 밀집되어 있는 오존층이 존재하고,
비행기의 항로로 이용돼요.
항공기
오존층
10km
대류권
구름, 비, 눈 같은 기상 현상이 나타나요.
구름

대기권의 구조

2 | 오존, 왜 생기나요?

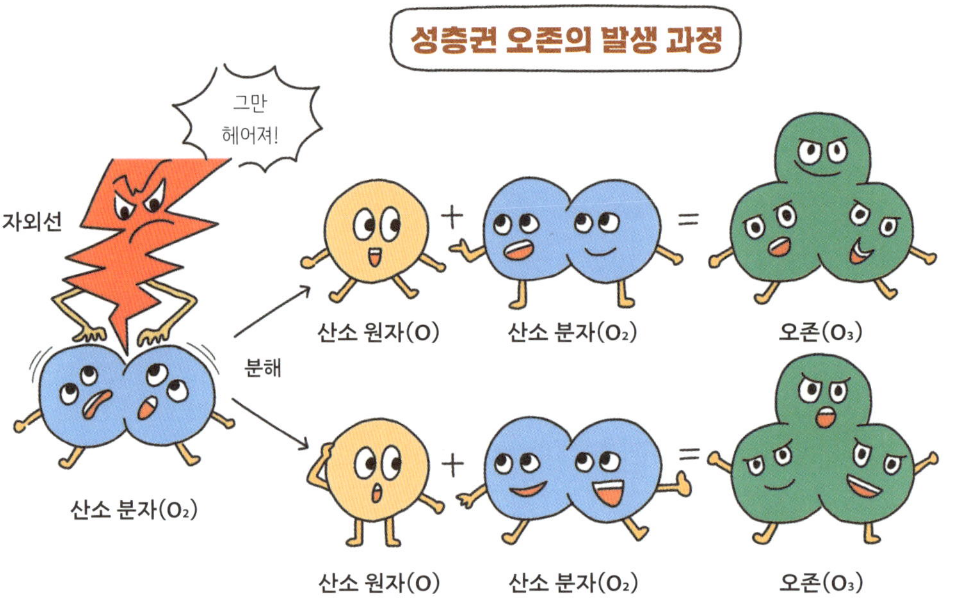

지구 대기권에 존재하는 오존의 90%는 성층권에 존재해요. 성층권의 오존(O_3)은 산소 분자(O_2)가 자외선을 만나 산소 원자(O) 두 개로 분해되었다가 다시 다른 산소 분자(O_2)와 결합하면서 만들어져요. 이 과정을 통해 만들어진 오존이 모여 성층권에 오존층을 형성하지요. 그러면 나머지 10%, 대류권의 오존은 왜 생기는 걸까요?

대류권의 오존은 자동차 배기가스나 공장에서 나오는 오염 물질이 햇빛과 반응하면서 만들어져요. 그래서 대류권의 오존은 대기 오염 물질이에요. 대류권에 오존을 만드는 주된 원인은 '질소산화물(NOx)'과 '휘발성유기화합물(VOCs)'이에요.

질소산화물은 석탄이나 석유 같은 화석 연료를 태울 때 나오는 물질

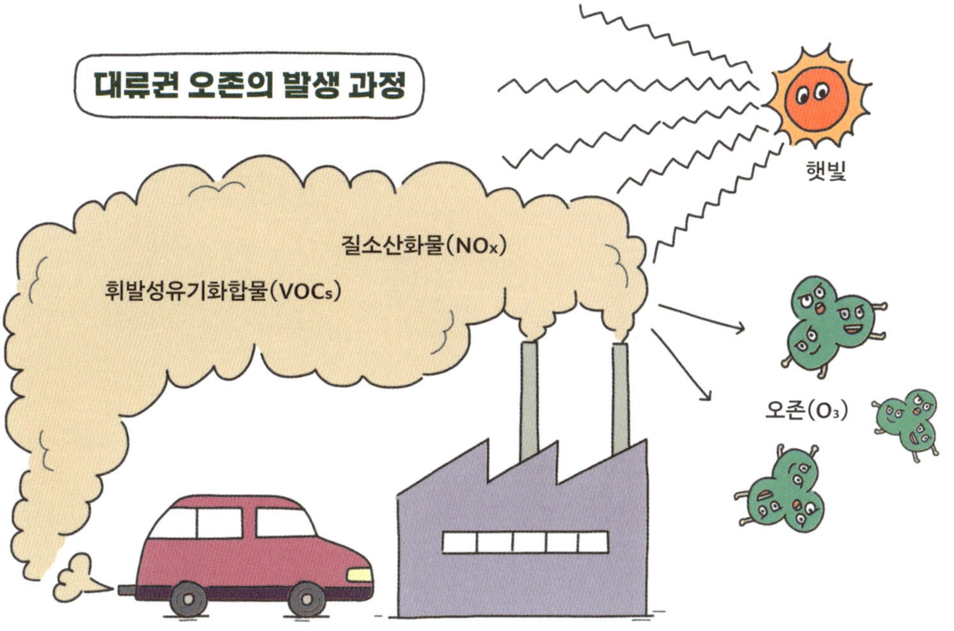

이에요. 자동차나 공장, 발전소 등에서 주로 배출되지요. 휘발성유기화합물은 휘발유, LPG 같은 연료와 공장에서 사용하는 유기 용제(고체, 기체, 액체를 녹일 수 있는 액체 화합물)에서 나오는 물질이에요.

이 두 가지 물질은 햇빛과 반응하여 대기 중에 오존을 만들어 내요. 그런데 같은 양의 질소산화물과 휘발성유기화합물이 있더라도 햇빛의 세기와 기온에 따라 오존 농도가 달라질 수 있어요. 여름처럼 햇빛이 강하고 기온이 높으면 오존 농도가 높아져요.

3 | 오존은 어떤 영향을 주나요?

오존은 성층권에 있느냐 대류권에 있느냐에 따라 다르게 작용한다고 이야기했어요. 성층권의 오존은 앞서 말한 것처럼 자외선으로부터 지구 생명체를 보호하는 중요한 역할을 해요. 태양에서 오는 자외선은 동식물의 세포를 손상시키고, 유전자를 변형시킬 수 있어요. 오랫동안 자외선을 쬐게 되면 피부가 화상을 입을 수 있고, 피부암에 걸릴 수도 있어요. 하지만 성층권에 있는 오존층이 자외선을 대부분 흡수해 주기 때문에 사람과 동식물이 안전하게 살아갈 수 있지요.

반면, 오존이 우리가 생활하는 대류권에 생기면 문제가 발생해요. 사람들이 오존에 많이 노출되면 기침이 나오고 숨쉬기 어려운 증상이 나타날 수 있어요. 이는 오존이 우리 몸 안에 있는 기도(호흡할 때 공기가 지

나가는 길)를 좁아지게 하기 때문이에요. 또한 오존은 자극성이 강한 기체여서 오존에 노출되면 눈이 따갑고, 코가 자극을 받아 불편함을 느낄 수 있어요. 무엇보다 오존은 가스라서 일반 마스크로는 막을 수 없어요.

또한, 오존은 대기 중에 있는 또 다른 오염 물질과 반응해 '광화학 스모그'라는 대기 오염을 일으킬 수 있어요. 광화학 스모그가 생기면 가시거리가 짧아져 비행기와 선박의 운항이 어려워지고, 햇빛을 차단해서 식물의 성장을 방해해요.

이렇게 대응해요!

① 우리 사회는 이렇게 대응하고 있어요

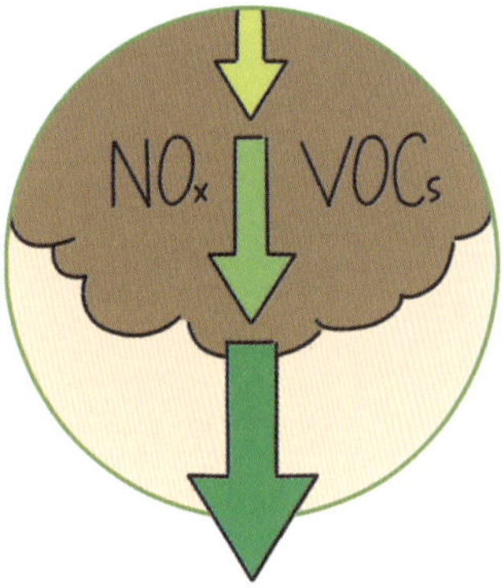

대기 오염 물질 배출 줄이기

오존을 줄이려면 오존을 만드는 대기 오염 물질인 질소산화물(NOx)과 휘발성유기화합물(VOCs)을 줄여야 해요. 정부는 공장의 대기 오염 물질 배출량을 제한하고, 친환경 자동차에 대한 혜택과 지원을 늘리고 있어요.

주유소 유증기 회수 설비 설치하기

주유소에서 차에 기름을 넣을 때 미세한 기름방울이 공기 중으로 퍼지는데, 이를 '유증기'라고 해요. 유증기에는 휘발성유기화합물이 포함되어 있어서 주유소에 이를 회수할 수 있는 장비를 설치하고 있어요.

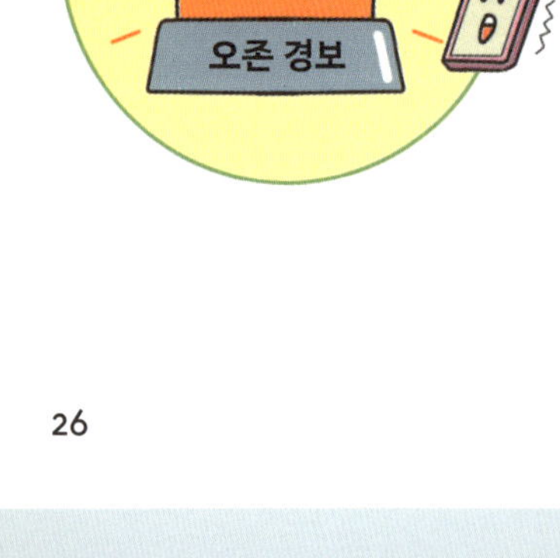

오존 경보 발령하기

정부는 대기 중의 오존 농도가 높을 때 경보를 발령하는 '오존 경보제'를 시행하고 있어요. 오존 경보 발령 시 전국 광역 자치 단체에서 재난 문자를 보내, 시민들이 실외 활동을 자제하도록 해요.

② 생활 속에서는 이렇게 대응해요

자동차 이용 줄이기

자동차 이용을 줄이면 오존을 만드는 대기 오염 물질 배출량을 줄일 수 있어요. 가까운 거리는 걸어가거나 자전거로 이동하고, 먼 거리는 버스나 지하철 같은 대중교통을 이용해요.

운전 시 경제속도로 주행하기

'경제속도'는 자동차가 연료를 가장 효율적으로 사용할 수 있는 속도를 말해요. 일반 도로에서는 시속 60~80km가 경제속도에 해당해요. 이 속도로 운전하면 최대 6%의 연료 소비와 배출 가스를 줄일 수 있어요.

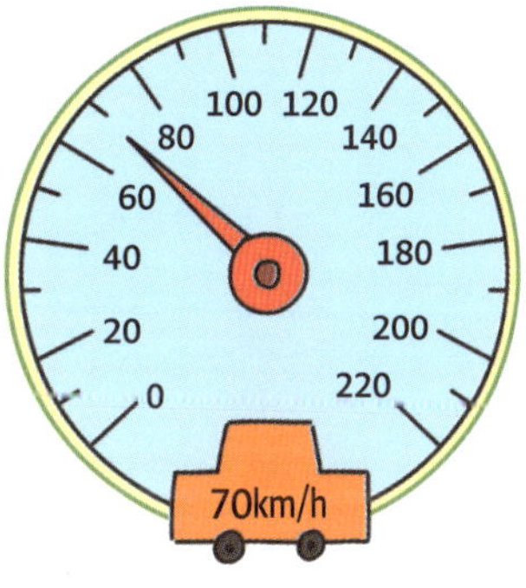

오존 경보 발령 시 실외 활동 자제하기

오존 경보가 발령되면 실외 활동과 과격한 운동을 자제해야 해요. 미세먼지, 오존 등의 대기 정보는 전국 실시간 대기 환경 정보 공개 시스템 '에어코리아' 홈페이지 또는 앱을 통해 확인할 수 있어요.

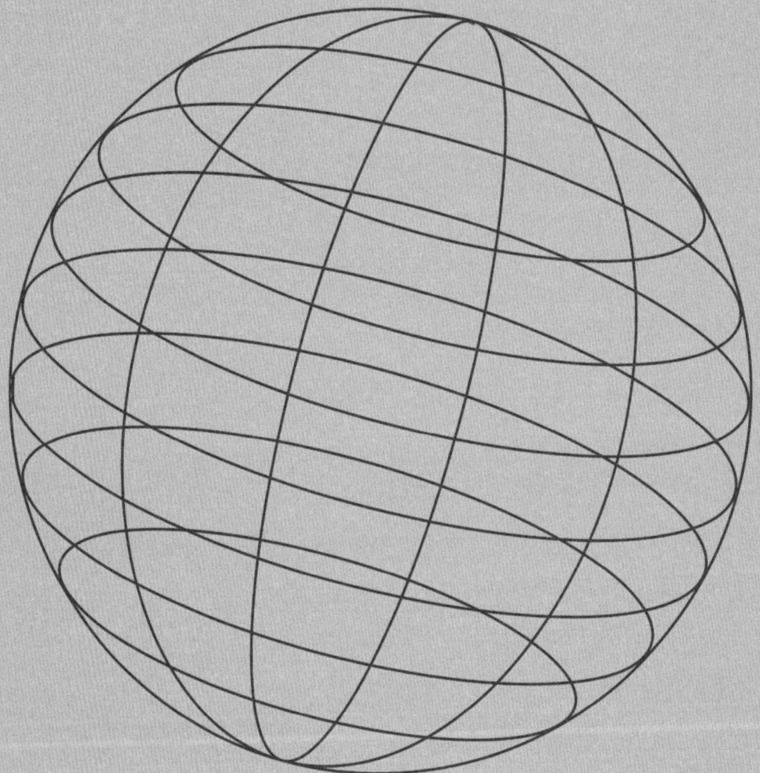

3부

녹조

1 | 녹조가 뭐예요?

최근 들어 우리나라의 강이나 호수 등에서 녹조 현상이 심해지고 있어요. 녹조란 짙은 녹색 조류(藻類)가 지나치게 많이 번식해서 물이 녹색으로 변하는 현상을 말해요. 조류는 물속에서 햇빛과 이산화탄소를 이용해 산소와 영양소를 만들어 내는 식물 플랑크톤(물속에서 물결에 따라 떠다니는 작은 생물)이에요. 물속 생태계를 유지하는 데 중요한 역할을 하지요.

조류는 서식지에 따라 바다의 '해조류'와 강이나 호수 같은 민물의 '담수조류'로 나뉘어요. 담수조류가 주로 서식하는 강이나 호수는 우리가 마시거나 사용하는 물을 공급하는 '상수원'이에요. 그래서 깨끗하고 안전한 물을 공급받기 위해서는 담수조류 관리가 필요해요.

담수조류는 남조류, 녹조류, 규조류 등으로 구분할 수 있어요. 어떤 조류가 물속에 많이 번식해 있는지에 따라 물 색깔이 달라져요. 남소류는 짙은 녹색, 녹조류는 옅은 녹색, 규조류는 갈색을 띠는 색소를 많이 가지고 있어요. 남조류가 물속에 많이 번식해 있으면 물이 녹색으로 변하고, 규조류가 많이 번식해 있으면 붉은색으로 변해요. 물이 녹색으로 변하는 현상은 '녹조', 붉은색으로 변하는 현상은 '적조'라고 불러요. 녹조는 강이나 호수에 생겨 우리가 마시고 사용하는 물에 영향을 줄 수 있고, 적조는 바닷가에 생겨 물고기를 키우는 양식장에 피해를 줄 수 있어요.

2 | 녹조, 왜 생기나요?

녹조 현상은 크게 세 가지 요인으로 발생해요. 첫째, 조류가 자라기 위해서는 '영양 염류'라는 것이 필요해요. 영양 염류란 조류의 영양분이 되는 물질로, 물속에 들어 있는 인, 질소 따위의 물질이에요. 이런 영양 염류는 가정에서 사용하는 세제, 공장에서 나오는 폐수, 비가 내릴 때 빗물과 함께 흘러내려 오는 각종 쓰레기, 농사를 지을 때 사용하는 비료와 퇴비 등에 들어 있어요. 이런 물질이 강이나 호수로 흘러들어 가면 물속에 영양 염류가 많아져 남조류가 지나치게 많이 자라게 되면서 녹조 현상이 일어나요.

둘째, 햇빛과 물의 온도도 중요해요. 특히 햇빛은 조류가 광합성을 하는 데 꼭 필요해요. 녹조 현상을 일으키는 남조류는 따뜻한 물에서 잘 자라는데, 보통 20도에서 30도 사이 물에서 가장 잘 자라요. 그래서 여름은 남조류가 자라기 가장 좋은 시기예요.

셋째, 물의 흐름이 느린 강이나 호수에서는 남조류가 더 많이 자라요. 물이 천천히 흐르게 되면 남조류가 한 곳에 오래 머무르면서 더 많이 자라기 때문이에요. 또, 수심이 깊고 물의 흐름이 정체된 곳에서는 여름철에 '성층 현상'이 일어나요. 성층 현상이란 위쪽은 따뜻하고 밀도가 낮은 물, 아래쪽은 차갑고 밀도가 높은 물로 나뉘어 물이 수직으로 이동하지 않는 현상이에요. 이렇게 물이 섞이지 않으면 수면의 온도가 더 올라가게 되어 남조류가 더 많이 자라요.

퇴비
22℃
8℃
6℃
4℃

3 | 녹조는 어떤 영향을 주나요?

조류는 물속 생태계에서 중요한 역할을 하지만, 너무 많아져 녹조 현상이 일어나면 여러 가지 문제가 생겨요. 먼저, 녹조가 물 위를 덮으면 햇빛이 물속으로 들어가지 못해 물속 식물들이 광합성을 하지 못해요. 식물은 광합성을 통해 산소와 에너지를 얻기 때문에 광합성을 하지 못하면 결국 죽게 되지요. 물속의 식물들이 죽고 산소가 부족해지면, 물속 생태계의 균형이 깨져서 물고기나 다른 생물들이 살아가기 어려운 환경이 되어 버려요.

녹조 현상은 수돗물 생산 비용도 증가시켜요. 우리가 매일 사용하는 물은 대부분 강에서 온 물이에요. 강물은 여러 공정을 거쳐 깨끗한 수돗물로 바뀌어요. 그런데 강물에 녹조가 생기면 불쾌한 냄새가 나고, 일부

남조류는 독성 물질을 만들어 내기도 해요. 녹조가 생긴 물은 수돗물로 바꾸는 데 더 많은 시간과 비용이 들어요.

또 우리는 강이나 호수에서 물놀이를 하거나 낚시를 즐기기도 해요. 하지만 녹조 현상이 심한 곳에서는 악취가 나고 물에 독소가 있을 수 있기 때문에 이런 활동을 하기 어려워요.

이렇게 대응해요!

① 우리 사회는 이렇게 대응하고 있어요

오염된 물 정화하기

가정이나 공장에서 더럽혀져 못 쓰게 된 물을 다시 깨끗하게 만들기 위해 공공 처리 시설을 설치하고 있어요. 이 시설은 오염된 물을 정화하고 조류가 자라는 데 필요한 질소와 인 같은 영양 염류를 제거해요.

녹조 제거 장비 투입하기

낙동강처럼 녹조가 집중적으로 발생하는 지역에 녹조 제거 선박이나 에코 로봇(물을 필터로 걸러 녹조만 흡수하는 장비) 같은 녹조 제거 장비를 투입하고 있어요.

농경지의 거름과 가축 배설물 관리하기

농사를 지을 때 사용하는 퇴비나 비료에는 질소와 인 같은 영양 염류가 들어 있어요. 정부는 비가 올 때 이 물질들이 강으로 흘러가지 않도록 관리하고, 가축의 배설물을 처리할 수 있는 공공 처리 시설을 만들고 있어요.

② 생활 속에서는 이렇게 대응해요

세제 적게 사용하기

세제에는 녹조를 일으키는 영양 염류가 들어 있어요. 세제는 적정량만 사용하고, 환경표지 인증을 받은 친환경 세제를 사용하는 것이 좋아요.

음식물 쓰레기 줄이기

음식물 쓰레기에도 영양 염류가 들어 있어요. 그래서 식사를 할 때는 음식을 최대한 남기지 않도록 하고, 음식물 쓰레기는 하수구가 아닌 음식물 쓰레기로 분리배출해야 해요.

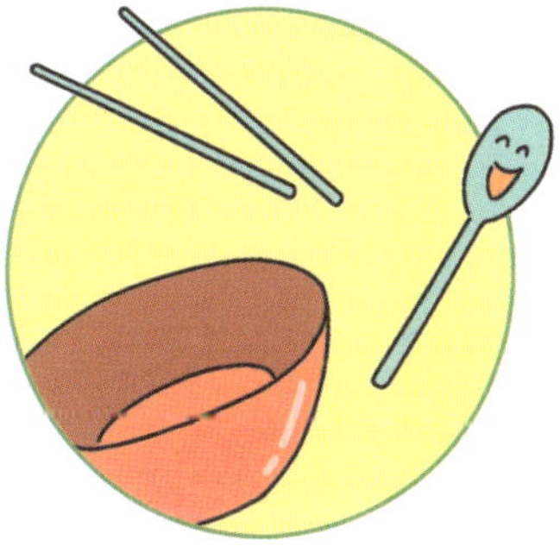

비 오기 전 퇴비와 비료 사용 피하기

비가 오기 전에 논밭에 퇴비와 비료를 뿌리면 그 성분이 빗물에 씻겨 강이나 호수로 흘러갈 수 있어요. 따라서 비가 오기 전에는 퇴비나 비료 사용을 피해야 해요.

4부

생물다양성과 외래종

1 | 생물다양성이 뭐예요?

지구에는 다양한 생물들이 다양한 환경에서 서로 영향을 주고받으며 살아가고 있어요. 이를 '생물다양성'이라고 말해요. 생물다양성은 크게 '생태계 다양성', '종 다양성', '유전자 다양성'으로 나뉘어요.

생태계 다양성은 숲, 바다, 강, 초원 등 생물이 살아가는 환경이 다양하다는 거예요. 종 다양성은 강아지, 나비, 소나무, 참새 등 생물의 종(種)이 다양하다는 거고요. 유전자 다양성은 같은 종류의 생물이라도 서로 다른 특징을 가질 수 있다는 거예요. 사람마다 눈동자 색이 다른 것도 유전자 다양성 때문이에요. 이런 유전자의 차이는 겉모습뿐만 아니라 건강 상태나 환경에 잘 적응하는 능력 등에도 영향을 줄 수 있어요.

생물다양성은 우리가 사는 환경을 건강하게 유지하는 데 아주 중요해

요. 생물다양성이 유지되지 않으면 먹이 사슬이 무너져 생태계에 큰 문제가 생길 수 있어요. 먹이 사슬이란 생물 사이의 먹고 먹히는 관계가 마치 사슬처럼 연결되어 있는 걸 말해요. 어떤 동물이 사라지면, 그 동물을 먹고 살아가던 다른 동물들도 함께 위기에 처하게 돼요.

지구의 생물들은 각자 자기 서식지에 적응하며 진화해 왔어요. 어떤 생물은 서식지를 옮기기도 했지만, 대부분은 한 지역에 오랫동안 정착해 살아 왔어요. 이런 생물을 '토착종'이라고 해요. 반면, 다른 지역에서 새롭게 이동해 온 생물은 '외래종'이라고 해요. 외래종 중에서도 새로운 지역에 잘 적응하여 자리를 잡은 생물은 '귀화종', 토착종을 밀어내고 생태계를 위협하는 생물은 '침입외래종'이라고 불러요.

2 | 외래종, 왜 생기나요?

외래종이 원래 살던 지역에서 이동해 우리나라로 들어오는 이유는 무엇일까요? 예전에는 우리나라에 식량이 부족해서 식용으로 황소개구리나 큰입배스 같은 외래종을 수입하기도 했어요. 또, 서양뒤영벌 같은 꽃가루를 옮겨서 식물이 잘 자라도록 도와주는 화분 매개 곤충도 들여왔어요.

최근에는 희귀한 동물에 대한 관심이 높아지면서, 집에서 기르거나 관찰하기 위해 외래종을 들여오기도 해요. 다양한 크기의 도마뱀이나 화려한 열대어 등이 이런 이유로 수입되고 있어요. 해외여행이나 무역 거래 시 우연히 들어오는 경우도 있어요. 사람들이 해외여행을 할 때 옷이나 신발, 짐 등에 붙어 오거나, 무역 거래를 할 때 비행기나 선박, 무역

품에 딸려 오기도 해요. 2003년에 처음 발견된 등검은말벌은 부산항으로 수입된 목재에 딸려서 들어온 것으로 추정돼요. 또, 선박의 경우 균형을 맞추기 위해 선박 안에 물을 많이 채워야 하는데, 바닷물을 채우는 과정에서 다양한 해양 생물이 선박 안으로 들어와 함께 지역을 이동하기도 해요.

가까운 국가 사이를 생물들이 자연적으로 이동하는 경우도 있어요. 바람이나 강물, 바닷물의 흐름을 타고 생물들이 지역을 이동하는 거예요. 중국의 갯줄풀이 바닷물을 타고 우리나라 서해안으로 들어오기도 했어요.

3 | 외래종은 어떤 영향을 주나요?

생태계는 생물과 환경이 서로 영향을 주고받으며 균형을 이루는 자연의 시스템이에요. 그런데 어떤 지역 생태계에 원래 그곳에 살지 않던 외래 동물이나 식물이 들어오게 되면 이 균형이 무너질 수 있어요.

외래종이 항상 나쁜 건 아니에요. 산세비에리아처럼 공기를 깨끗하게 해 주는 식물이나, 블루베리처럼 우리가 맛있게 먹는 열매도 외래종이에요. 이런 외래종은 우리의 삶에 도움을 주지요.

하지만 어떤 외래종은 토착종을 위협하고 밀어내 생태계에 문제를 일으키기도 해요. 예전에 물가에서 흔히 볼 수 있었던 토종 민물 거북 '남생이'는 수질 오염과 붉은귀거북 같은 외래종과의 경쟁으로 개체 수가 줄고 생존이 위협받고 있어요.

또 어떤 외래종은 농업이나 어업에 피해를 줄 수 있어요. 꽃매미는 과일나무나 농작물에 병을 옮겨 농사를 망치기도 해요. 큰입배스 같은 외래 물고기는 우리나라에 원래 살던 물고기를 잡아먹거나 살 곳을 빼앗아서, 물고기 수를 감소시켜요.

이렇게 대응해요!

① 우리 사회는 이렇게 대응하고 있어요

생태계교란 생물 지정하기

정부는 생태계에 피해를 줄 가능성이 높은 종을 '생태계교란 생물'로 지정하고 있어요. 생태계교란 생물로 지정되면, 수입, 반입, 사육, 재배, 유통 등이 금지돼요.

생태계교란 생물 퇴치하기

정부와 지방 자치 단체는 국내 생태계교란 생물 퇴치 사업을 진행하고 있어요. 예를 들어, 뉴트리아는 2009년에 생태계교란 생물로 지정되었어요. 정부는 뉴트리아를 잡은 사람에게 포상금을 주는 제도를 도입했어요.

생태계교란 생물 감시하기

정부는 생태계교란 생물을 체계적으로 관리하기 위해 종별 분포 현황과 개체 수 증감 등을 지속적으로 관찰하며 감시하고 있어요. 그리고 그 결과를 지방 자치 단체 등 관계 기관에 알려 주고 있어요.

② 생활 속에서는 이렇게 대응해요

외래종 발견 시 즉시 신고하기

주변이나 수입 물품에서 외래종을 발견했다면, 즉시 '한국 외래생물 정보시스템(kias.nie.re.kr)'을 통해 신고해야 해요.

외래종을 자연에 방출하지 않기

키우던 외래종을 더 이상 돌보기 어려워졌다고 해서 그냥 자연에 내보내서는 안 돼요. 그럴 경우 반드시 전문 기관에 문의하여 적절한 방법을 취해야 해요.

외래종 감시 활동에 참여하기

외래종을 효과적으로 관리하기 위해서는 지속적인 감시가 필요해요. 일반 시민들도 생물다양성 관측 네트워크에 참여하여 외래종 감시에 동참할 수 있어요. 관련 네트워크로는 '네이처링(www.naturing.net)'이 있어요.

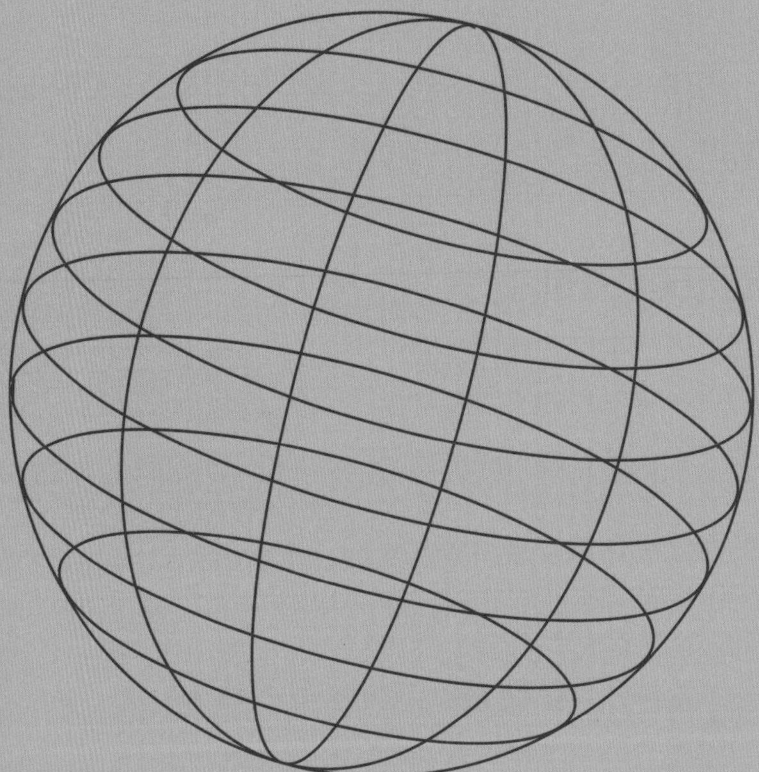

5부

지구 온난화와 기후 변화

1 | 지구 온난화와 기후 변화는 같은 말이에요?

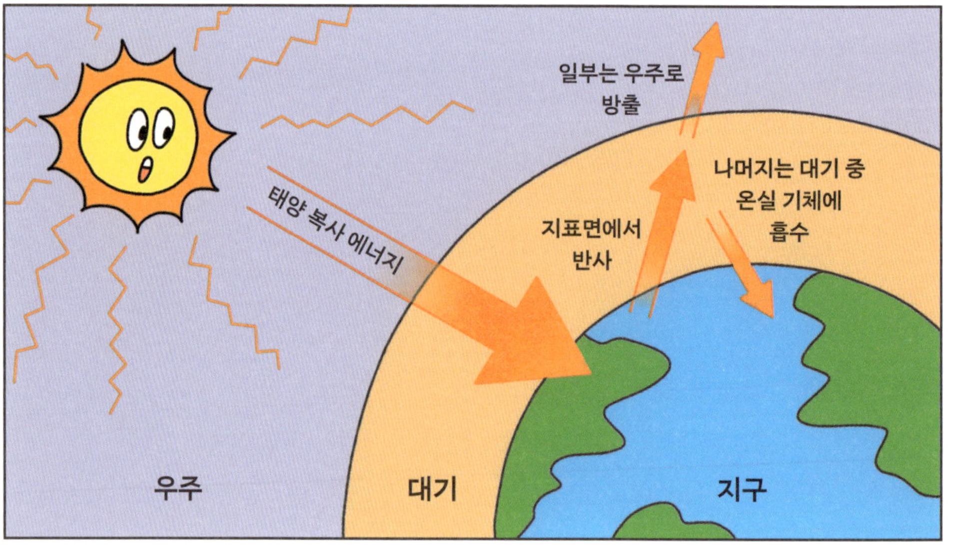

태양에서 나오는 빛이 지구로 오면 일부는 지표면에서 반사되어 우주로 다시 돌아가고 나머지는 지구의 대기 안에 머물게 돼요. 이 빛으로 지구 주변이 따뜻해지는데, 이러한 현상을 '온실 효과'라고 해요. 온실 효과는 집에 햇빛이 들어와 집 안이 따뜻해지는 현상과 비슷해요. 지구에 햇빛이 들어오면 대기 중의 기체들이 그 열을 가두어서 지구는 적당히 따뜻한 상태를 유지할 수 있어요.

그런데 최근 몇십 년 동안 산업과 교통의 발달로 대기 중에 온실 효과를 일으키는 '온실가스'가 많이 쌓이고 있어요. 온실가스가 대기 중에 쌓여 지구의 평균 기온이 올라가는 현상을 '지구 온난화'라고 불러요.

'지구 온난화'와 비슷한 말로 '기후 변화'라는 말이 많이 사용돼요. 이

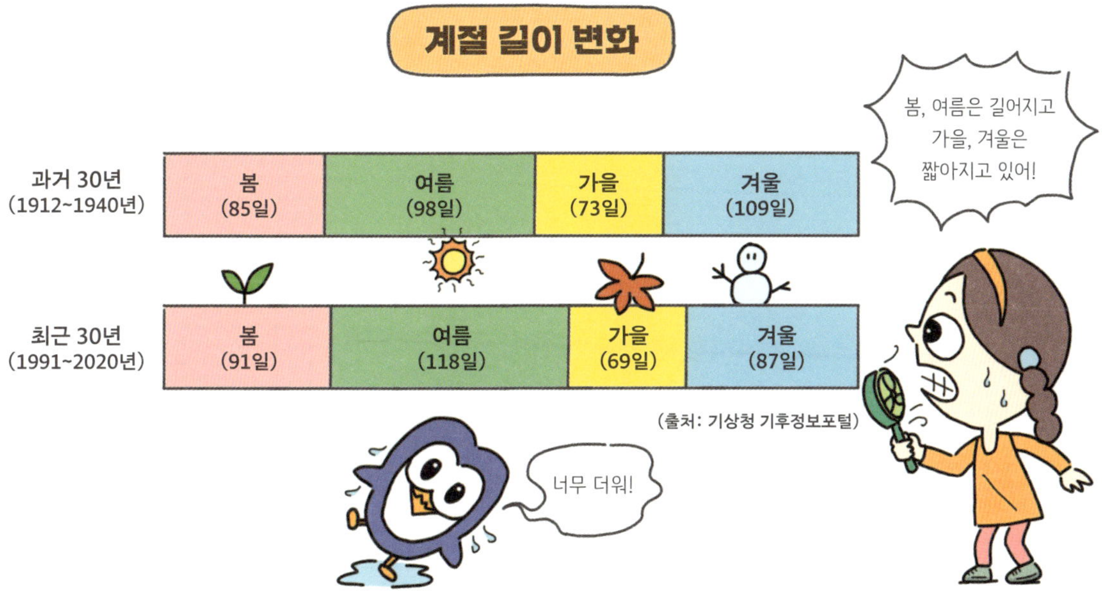

둘은 같은 말일까요? 비슷하지만 같은 말은 아니에요. '기후'는 일정한 지역에서 여러 해에 걸쳐 나타나는 평균 날씨를 말해요. 기후 변화는 이러한 평균 날씨가 변하는 거예요. 지구의 기후는 계속해서 변해 왔지만, 지금의 변화는 이전과 다른 점이 있어요. 바로 지구의 기온이 매우 빠르게 상승하고 있다는 사실이에요. 기후 변화는 지구의 평균 기온이 올라가는 지구 온난화와 이로 인해 발생하는 변화를 모두 포함하는 말이에요. 지구 온난화로 빙하가 녹아 해수면이 높아지거나, 극단적인 날씨가 자주 발생하는 현상도 기후 변화에 해당해요.

2 | 온실가스, 왜 생기나요?

화석 연료 사용 쓰레기 매립 축산 비료

↓

이산화탄소(CO_2), 메탄(CH_4), 아산화질소(N_2O)

지구 온난화의 원인인 온실가스는 왜 생기는 걸까요? 사실 온실가스는 지구를 따뜻하게 유지해 주는 중요한 기체예요. 온실가스가 없다면 지구는 너무 추워져서 우리가 살 수 없을 거예요. 그런데 온실가스가 너무 많이 생기면서 지구의 기온이 필요 이상으로 올라가 문제가 되고 있어요.

온실가스에는 어떤 것들이 있을까요? 대표적인 온실가스로는 이산화탄소(CO_2), 메탄(CH_4), 아산화질소(N_2O)가 있어요. 먼저 이산화탄소는 석유나 석탄 같은 화석 연료를 태울 때 나오는 기체예요. 화석 연료는 전기를 만들거나 자동차나 공장을 움직이는 데 쓰여요. 예전에는 동물의 호흡이나 화산 활동 등으로 이산화탄소가 생겨나면 식물이나 바다가 흡수하여 이산화탄소의 양이 자연 속에서 균형을 유지했어요. 하지만 산

업 혁명 이후로 사람들이 화석 연료를 많이 사용하기 시작하면서 이산화탄소의 양이 급격히 늘어나게 되었어요. 메탄은 주로 쓰레기 매립 과정에서 생겨요. 소나 양 같은 동물이 음식을 소화하는 과정에서 나오기도 해요. 석유나 천연가스를 캐내고 옮길 때도 나올 수 있어요. 아산화질소는 주로 농사를 지을 때 사용되는 비료나 가축의 분뇨에서 나와요. 또 공장이나 자동차에서 연료를 태울 때도 조금씩 나와요.

이외에도 수소불화탄소(HFCs), 과불화탄소(PFCs), 육불화황(SF_6), 삼불화질소(NF_3) 같은 온실가스도 있어요. 이런 가스들은 대기 중에 아주 적은 양으로 존재하지만, 이산화탄소보다 수천 배 이상 강한 온실 효과를 일으켜요.

3 | 기후 변화는 어떤 영향을 주나요?

북극 해빙(바닷물이 얼어서 생긴 얼음)의 변화 전망

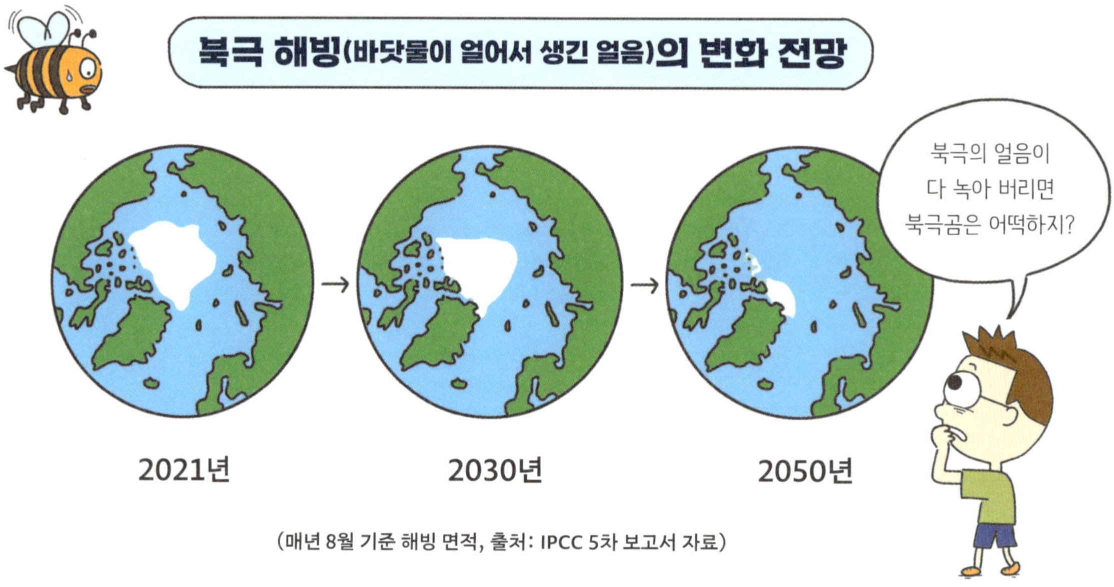

(매년 8월 기준 해빙 면적, 출처: IPCC 5차 보고서 자료)

기후 변화는 생태계 전체에 영향을 끼쳐요. 기후가 바뀌면 동물과 식물의 서식지가 바뀌어요. 기후 변화에 적응하지 못하는 생물은 생존에 어려움을 겪고, 심하면 멸종할 수 있어요.

최근에는 기후 변화의 영향으로 폭염이나 폭우 같은 극단적인 날씨가 더 자주 나타나고, 산불 발생도 늘고 있어요. 폭염 속에 오래 있다 보면 열사병이나 일사병 등 온열 질환이 생길 수 있어요. 또 폭우로 홍수, 산사태 등 자연재해가 일어나면 많은 사람이 위험한 상황에 처할 수 있지요. 산불은 산림을 파괴하고 그 지역의 생태계를 훼손해요.

지구가 따뜻해지면서 해수면도 점점 높아지고 있어요. 그린란드나 남극 등 추운 지방은 눈과 얼음으로 덮여 있어요. 지구의 약 10%가 눈과

얼음으로 덮여 있다고 해요. 그런데 지구 온난화로 추운 지방의 눈과 얼음이 빠르게 녹으면서 해수면의 높이가 점점 높아지고 있어요. 이에 따라 해안 지역이 물에 잠길 위험이 커지고 있어요. 눈과 얼음은 햇빛을 반사하는데, 이들이 녹으면서 땅과 바다가 더 많은 햇빛을 받게 되었어요. 햇빛을 더 많이 받으면 지구는 더 뜨거워져요.

바다는 이산화탄소를 흡수해서 온실가스를 줄이는 데 도움을 줘요. 그런데 대기 중 이산화탄소의 양이 늘면서 바다가 이산화탄소를 지나치게 많이 흡수해 바닷물이 점점 산성으로 변하고 있어요. 바다가 산성화되면 게나 굴 같은 생물들은 껍데기가 녹거나 만들어지지 않아 살기 어려워지고, 결국에는 바다 생태계 전체가 위험해질 수 있어요.

이렇게 대응해요!

① 국제 사회는 이렇게 대응하고 있어요

기후 변화 대응을 위한 국제 협약 맺기

기후 변화에 대응하기 위해 국제 사회가 함께 노력하고 있어요. 기후 변화는 지구 생태계에 여러 가지 문제를 일으키기 때문에 모두가 힘을 모아 대응해야 해요. 그래서 세계 여러 나라가 모여 온실가스를 줄이기 위한 협약을 맺었어요.

교토의정서(1997년)

교토의정서는 주요 선진국들이 온실가스를 줄이기 위해 맺은 국제 협약이에요. 일본 교토에서 열린 회의에서 채택되어 '교토의정서'라는 이름이 붙었어요. 이 협약에서 온실가스를 얼마나 줄일지에 대한 구체적인 목표와 계획을 세웠어요.

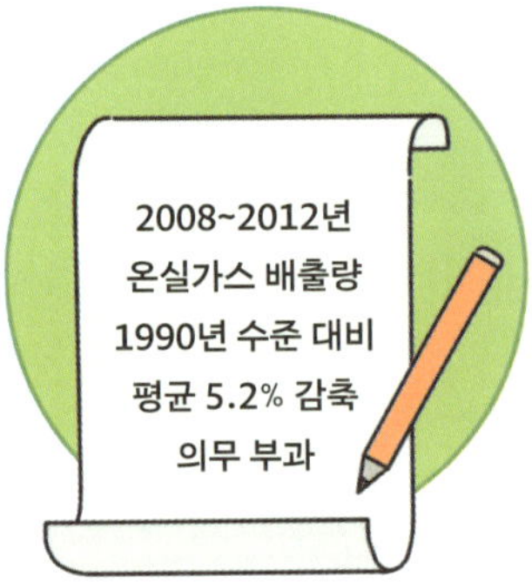

파리협정(2015년)

파리협정은 교토의정서를 대신하는 새로운 협약이에요. 프랑스 파리에서 열린 회의에서 채택되어 '파리협정'이라는 이름이 붙었어요. 교토의정서는 주요 선진국에만 온실가스를 줄이는 의무를 부과했지만, 파리협정은 선진국뿐만 아니라 개발도상국도 참여하도록 했어요. 이 협약의 목표는 산업화 이전 대비 지구 평균 기온 상승을 2°C 보다 훨씬 낮은 수준으로 유지하고, 가능하다면 1.5°C 이하로 제한하기 위해 노력한다는 거예요.

② 탄소 중립을 위해 노력해요

'탄소 중립'이란?

우리가 배출한 탄소의 양과 흡수한 탄소의 양을 서로 같게 만들어, 결과적으로 탄소를 '0'으로 만드는 거예요. 여기서 말하는 '탄소'는 이산화탄소 같은 온실가스를 뜻해요. 지구의 온도를 높이는 온실가스를 줄이기 위해 함께 노력하자는 뜻이에요. 탄소 중립을 이루려면 아래 두 가지가 중요해요.

탄소 배출을 줄이기

전기를 만들거나 자동차를 움직일 때 석탄이나 석유 같은 화석 연료가 사용돼요. 이때 나오는 탄소는 공기 중 온실가스의 양을 늘려요. 그래서 햇빛이나 바람처럼 자연의 힘을 이용한 친환경 에너지를 사용하는 것이 좋아요. 에너지를 아껴 쓰는 것도 탄소 배출을 줄이는 데 도움이 돼요.

배출된 탄소를 흡수하기

나무와 숲은 이산화탄소를 흡수해 공기를 깨끗하게 만들어요. 그래서 나무를 심고 숲을 잘 가꾸는 일이 탄소를 줄이는 데 도움이 돼요. 또 'CCUS(탄소 포집·활용·저장)'라는 기술을 활용하면, 공장이나 발전소에서 나오는 이산화탄소를 모아 다시 활용하거나 땅속에 저장할 수 있어요.

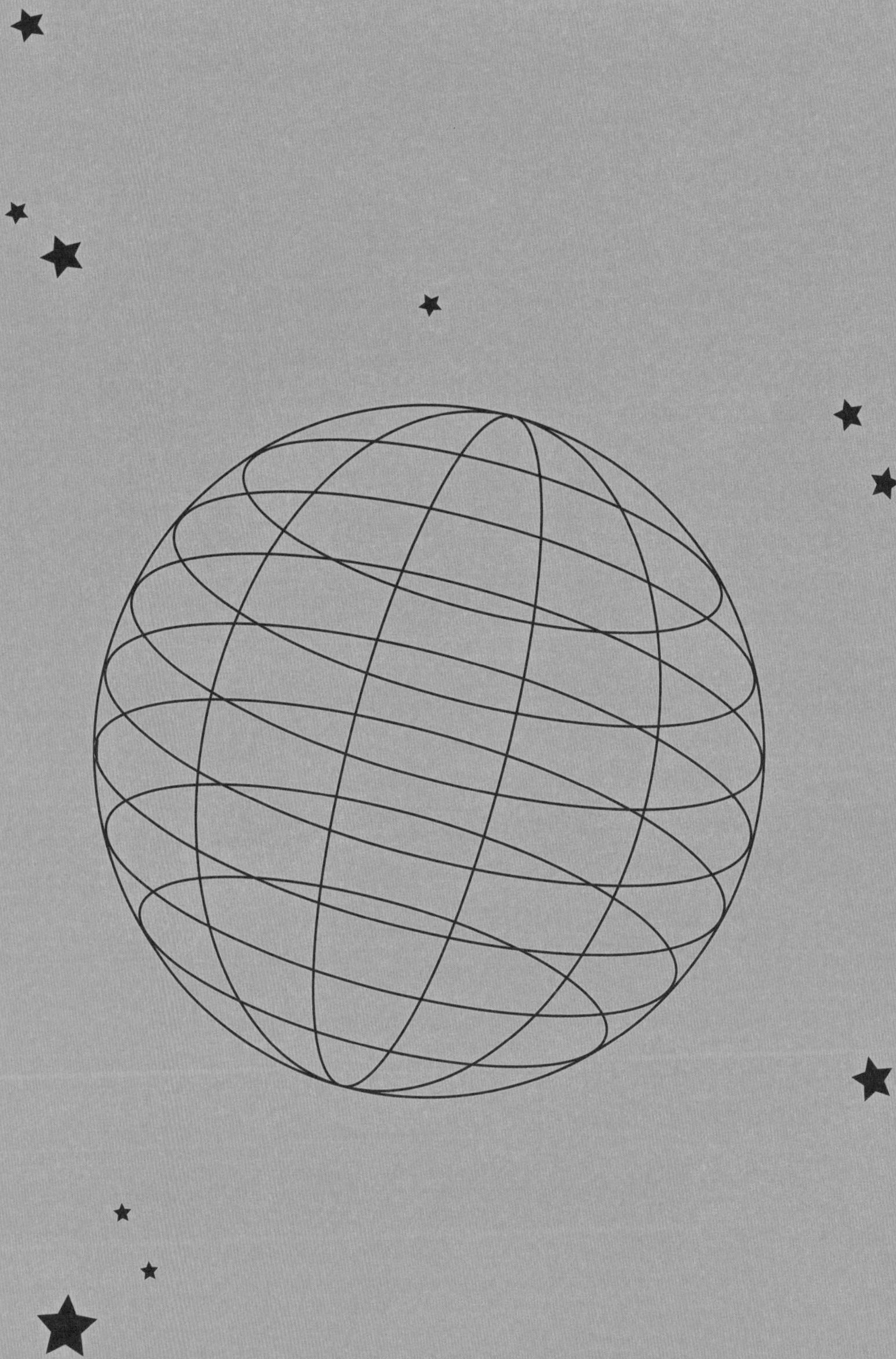

6부
생활 폐기물

1 | 생활 폐기물이 뭐예요?

폐기물은 '못 쓰게 되어 버리는 물건'을 뜻해요. 많은 사람이 편리한 삶을 위해 일회용품을 비롯해 다양한 물건을 사용하게 되면서, 폐기물의 양도 늘어나고 있어요. 폐기물은 크게 두 가지로 나눌 수 있어요. 하나는 공장이나 회사 등 사업장에서 나오는 '사업장 폐기물', 다른 하나는 우리가 생활하면서 나오는 '생활 폐기물'이에요. 사업장 폐기물은 다시 세 가지로 나눌 수 있어요. 환경을 오염시키거나 사람에게 해를 끼칠 수 있는 '지정 폐기물', 건물을 짓거나 부술 때 나오는 '건설 폐기물', 그리고 그 밖의 '사업장 일반 폐기물'이 있어요.

그렇다면 일상생활 중에 나오는 생활 폐기물에는 어떤 것들이 있을까요? 생활 폐기물은 네 종류로 나눌 수 있어요. 먼저, 휴지나 영수증처럼 종량제 봉투에 담아 버리는 쓰레기를 '일반 생활 폐기물'이라고 해요. 종이, 병, 캔, 플라스틱, 고철, 헌 옷처럼 다시 사용할 수 있는 것들은 '재활용품'이에요. 이런 것들은 종류별로 나누어 배출해야 해요. 또 식사 후 남은 음식물이나 과일 껍질 등은 '음식물 쓰레기'로 분리배출해야 하지요. 마지막으로 가구나 가전제품처럼 크고 무거운 물건은 '대형 폐기물'이라고 해요. 대형 폐기물은 따로 신고하고 대형 폐기물 스티커를 붙여서 버려야 해요.

사업장 폐기물

지정 폐기물

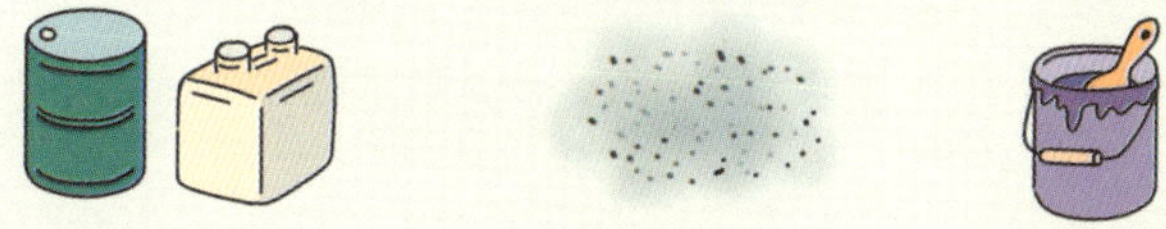

폐유, 폐유기용제, 폐산, 폐알칼리 / 분진, 폐석면 / 폐페인트, 폐락카 / …

건설 폐기물

폐콘크리트, 폐벽돌 / 목재류 / 고철류 / …

사업장 일반 폐기물

지정 폐기물과 건설 폐기물을 제외한 나머지 사업장 폐기물

생활 폐기물

일반 생활 폐기물

휴지, 영수증 / 컵라면 용기 / 달걀 껍질 / 칫솔 / …

재활용품

플라스틱류 / 금속류 / 유리병 / 비닐류 / 종이류 / …

음식물 쓰레기

과일 껍질 / 요리·식사 후 남은 음식물 / …

대형 폐기물

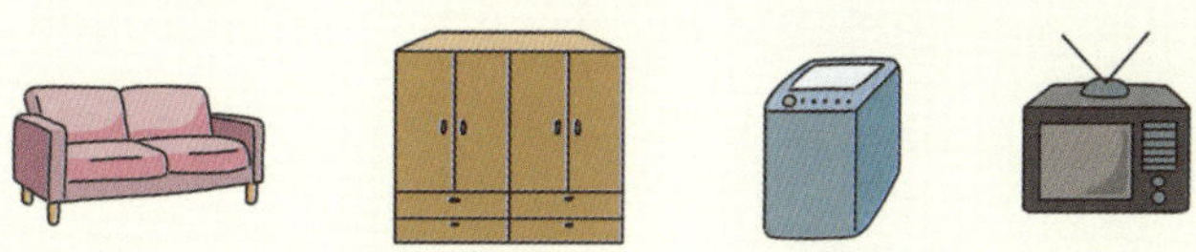

소파 / 옷장 / 세탁기 / TV / …

2 | 생활 폐기물, 어떻게 처리되나요?

생활 폐기물은 성질에 따라 여러 가지 방법으로 처리돼요. 대표적인 방법으로는 소각, 매립, 재활용이 있어요. '소각'은 쓰레기를 불에 태워서 처리하는 방법이에요. 재활용되지 않는 생활 폐기물 중 타는 쓰레기는 소각 시설에서 처리해요. 이 방법은 쓰레기의 부피를 줄일 수 있다는 장점이 있어요. 소각할 때는 쓰레기를 높은 온도로 태우고, 불에 타고 남은 물질은 매립지에 묻어서 처리해요. 태울 때 공기 중으로 날아가는 아주 작은 먼지(비산재)는 따로 모아 안전하게 처리해요. 또 소각 과정에서 생기는 열은 전기, 온수, 스팀 등 에너지로 다시 활용할 수 있어요.

'매립'은 쓰레기를 땅속에 묻어서 처리하는 방법이에요. 생활 폐기물 중에서 깨진 유리나 도자기처럼 재활용할 수 없고 태울 수 없는 쓰레기

는 땅에 묻어서 처리해요. 그냥 묻는 것이 아니라, 쓰레기가 흩어지거나 벌레가 생기지 않도록 여러 가지 작업을 한 뒤 묻어요. 또 빗물이 쓰레기 안으로 스며들지 않게 방수막을 설치하기도 해요. 매립된 폐기물은 시간이 지나면서 자연스럽게 썩는데, 이때 나오는 메탄가스는 전기를 만들거나 난방, 자동차 연료로 쓸 수 있어요.

'재활용'은 플라스틱, 종이, 유리, 금속 등 분리배출한 생활 폐기물을 우리가 다시 사용할 수 있도록 만드는 거예요. 최근에는 버려진 페트병이나 캔 등을 모아서 가구, 의류 등 새로운 형태의 제품을 만들기도 해요. 재활용을 하면 폐기물을 처리하는 데 드는 시간과 비용을 줄이고 자원을 절약할 수 있어요.

3 | 생활 폐기물은 어떤 영향을 주나요?

생활 폐기물 중 일부는 재활용하고, 나머지는 소각하거나 매립하는 방식으로 처리한다고 했어요. 그런데 이렇게 처리하는 과정에서 여러 가지 환경 문제가 발생할 수 있어요.

폐기물을 매립하면 땅속에서 쓰레기가 썩으면서 침출수(쓰레기가 썩어 지하에 고였다가 흘러나오는 물)가 나오는데, 이 침출수가 하천이나 지하수로 흘러가면 수질 오염을 일으켜요. 또 매립지를 만들기 위해 땅을 파고 나무를 베다 보면 동물들의 서식지가 파괴되기도 해요. 매립 과정에서 악취나 유해 가스가 퍼지는 문제도 있어요. 게다가 매립된 쓰레기가 썩는 데는 아주 오랜 시간이 걸려요. 나무젓가락은 20년, 일회용 컵은 20년 이상, 플라스틱 용기는 500년 이상 걸린답니다.

폐기물을 소각할 때도 환경 문제가 생겨요. 쓰레기를 태우면 다이옥신 같은 해로운 물질이 공기 중으로 나오고, 비산재(무언가를 태우는 과정에서 매우 미세한 가루 형태로 떠다니는 재) 같은 먼지가 발생하기도 해요. 그래서 폐기물 처리 시설을 특정 지역에 만들려고 할 때 이를 반대하는 지역 주민들과 갈등이 생기기도 하지요.

음식물 쓰레기도 환경 문제를 일으켜요. 음식물 쓰레기가 썩는 과정에서 악취가 발생하고, 침출수가 나와 수질 오염을 일으켜요. 또한 음식물 쓰레기를 처리하는 데 매년 수천억 원의 큰 비용이 들어간다고 해요.

생활 폐기물이 썩는 데 걸리는 시간

출처: 기후에너지환경부

이렇게 대응해요!

① 우리 사회는 이렇게 대응하고 있어요

일회용품 사용 억제 제도

정부는 '자원의 절약과 재활용촉진에 관한 법률'에 따라 일회용품의 사용을 제한하고 있어요. 식당이나 카페에서는 매장 내에서 일회용 컵을 사용할 수 없고, 편의점이나 마트에서는 일회용 봉투를 무료로 제공하지 않아요. 이 정책을 지키지 않는 곳에는 과태료를 부과해요.

생산자 책임 재활용 제도

제품의 생산자(기업)에게 그 제품이나 포장재의 폐기물을 일정량 재활용하게 하는 제도예요. 만약 생산자가 이를 지키지 않으면, 정부는 재활용하는 데 필요한 비용보다 더 많은 비용을 생산자에게 부과해요.

빈 용기 보증금 제도

유리병에 담긴 음료를 팔 때 음료 가격에 빈 병 보증금을 더해서 팔고, 소비자가 음료를 다 마시고 유리병을 판매처에 가져다 주면 소비자에게 보증금을 다시 돌려주는 제도예요. 돌려받은 빈 병은 다시 새 병을 만드는 데 재활용돼요.

② 생활 속에서는 이렇게 대응해요

꼭 필요한 물건만 사기

더 이상 쓰지 않는 물건들이 모여 쓰레기가 돼요. 물건을 구매할 때는 내게 꼭 필요한 물건인지, 비슷한 물건은 없는지 한 번 더 생각해 보는 것이 좋아요. 신중한 소비 습관은 불필요한 소비와 쓰레기를 줄여 준답니다.

제로 웨이스트에 도전하기

'제로 웨이스트'는 말 그대로 쓰레기를 '제로(0)'로 만들자는 뜻이에요. 일회용 봉투 대신 장바구니를 이용하고, 일회용 컵 대신 텀블러를 이용하는 등 일회용품 사용을 줄이면 한 번 쓰고 버리는 쓰레기를 줄일 수 있어요. 식사할 때는 음식을 먹을 수 있을 만큼만 뜨고 남김없이 먹으면 음식물 쓰레기를 만들지 않을 수 있어요.

분리배출 철저히 하기

재활용을 위해서는 분리배출을 제대로 해야 해요. 플라스틱, 캔, 유리병처럼 재활용할 수 있는 물건은 내용물을 비우고 잘 헹군 후 배출해야 하지요. 라벨이나 뚜껑도 분리해서 버려야 해요. 이렇게 분리배출을 철저히 하면 재활용이 잘 이루어져 자원을 아낄 수 있어요.

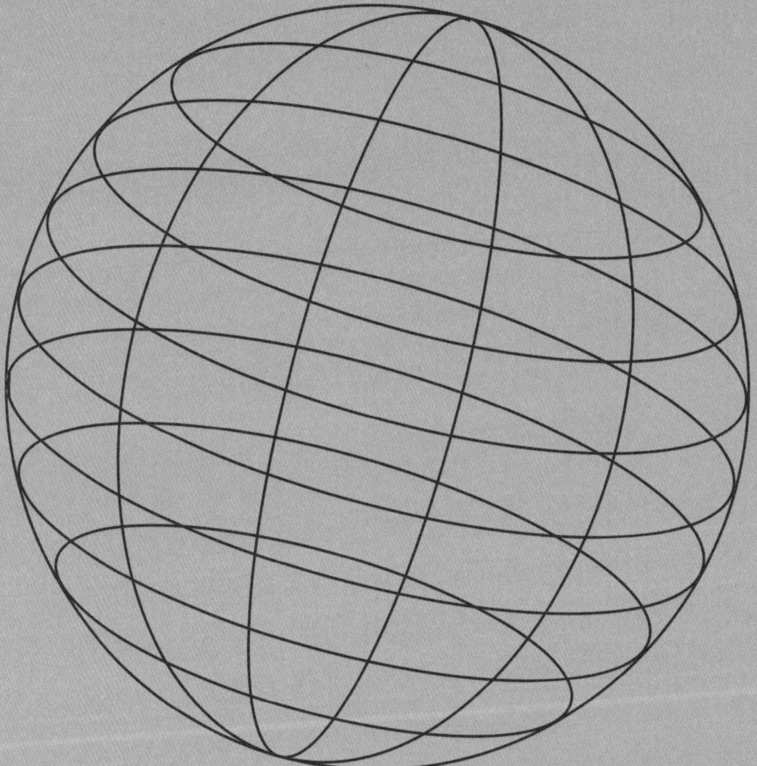

7부

토양 오염

1 | 토양 오염이 뭐예요?

토양은 쉽게 말해 땅을 이루는 '흙'이에요. 토양은 지구에서 아주 중요한 역할을 해요. 수많은 생물의 서식지가 되어 생물다양성을 유지하고, 농작물이 자라는 기반이 되어 사람과 동물에게 식량을 제공해요. 또, 집을 짓는 데 필요한 흙과 돌 같은 재료를 제공하고, 비가 많이 올 때 물을 빨아들여 홍수를 막아 주기도 해요.

토양 오염은 농업이나 산업 활동에서 나온 유해 물질이 토양 속으로 스며들어 흙이 오염되는 현상을 말해요. 토양은 수많은 생물이 살아가는 서식지이기 때문에, 토양이 오염되면 생태계 전체에 나쁜 영향을 줄 수 있어요. 게다가 한 번 오염된 토양을 다시 깨끗하게 만드는 데에는 많은 시간과 비용이 들어요.

미국에서 토양 오염으로 사람들이 큰 피해를 입은 사건이 있었어요. 바로 '러브캐널 사건'이에요. 러브캐널은 미국 뉴욕 주 나이아가라 폭포 근처 지역 이름이에요. 1940년대에 한 화학 회사가 이 지역에 독성 화학 물질을 매립했는데, 나중에 이 땅 위에 집과 학교가 들어서면서 문제가 생겼어요. 시간이 지나면서 땅속 깊은 곳에 묻혀 있던 화학 물질이 위로 올라와 토양과 지하수를 오염시킨 거예요. 그 지역에 살던 주민들은 만성 천식, 심장 질환, 뇌종양, 기형아 출산 등 심각한 건강 문제에 시달렸어요. 주민들의 피해가 속출하자, 뉴욕 주 보건 당국은 조사 끝에 이곳을 환경 재난 지역으로 선포했어요. 그리고 러브캐널에 살던 주민들을 다른 지역으로 이주시키고 지역을 폐쇄했지요.

2 | 토양 오염, 왜 생기나요?

토양을 오염시키는 물질에는 무엇이 있을까요? 첫째, 농사에 사용되는 농약이 토양을 오염시켜요. 농약은 병해충(농작물에 해를 입히는 병과 해충)을 막아 농작물을 더 많이 생산하게 해 주지만, 농약에는 독성이 있는 화학 물질이 들어 있어요. 비가 오면 농약이 빗물에 섞여 땅속으로 스며들어 토양을 오염시켜요.

둘째, 주유소에서 기름이 새면 토양이 오염돼요. 주유소의 기름 저장 탱크나 배관이 오래되거나 손상되면 기름이 새어 나올 수 있어요. 이렇게 나온 기름이 땅속으로 스며들면 토양이 오염돼요. 심할 경우, 지하수까지 오염시켜 우리가 마시거나 농사에 사용하는 물이 오염될 수 있어요.

셋째, 쓰레기 매립 과정에서 토양이 오염되기도 해요. 쓰레기가 썩을 때 생기는 침출수에는 중금속 등의 유해 물질이 들어 있어요. 침출수가 토양과 지하수에 스며들어 오염을 일으켜요. 매립지가 제대로 관리되지 않으면 이런 오염이 오랫동안 계속될 수 있어요.

마지막으로, 산성비도 토양을 오염시켜요. 산성비는 대기 중의 오염 물질이 비에 섞여 내리는 현상이에요. 산성비가 내리면 토양이 산성으로 변해 식물이 자라는 데 도움을 주는 미생물들이 살기 힘들어져요. 그럼 식물이 잘 자라지 못해요.

3 | 토양 오염은 어떤 영향을 주나요?

오염된 토양에서는 식물이 건강하게 자라기 어려워요. 정상적인 토양에서는 비나 물이 식물의 뿌리 근처까지 스며들어 식물이 수분을 잘 흡수할 수 있어요. 하지만 오염된 토양에서는 물이 토양 깊숙이 스며들지 못하고 표면에 머물다 흘러가 버려요. 오염 물질이 토양 입자 사이의 공간을 막거나 입자를 뭉치게 해, 물이 통과할 수 있는 경로가 줄어들기 때문이에요. 그래서 토양이 오염되면 식물의 뿌리가 물을 제대로 흡수하지 못해요. 오히려 뿌리 속 물이 밖으로 빠져나가 식물이 잘 자랄 수 없어요.

특히 중금속이 섞인 토양은 더 큰 문제를 일으켜요. 중금속은 식물, 동물, 사람 모두에게 해를 끼칠 수 있는 물질이에요. 식물이 토양 속 중금

속을 흡수하면, 이 식물을 먹은 초식 동물, 또 그 초식 동물을 먹은 육식 동물의 몸속에도 중금속이 쌓여요. 이렇게 중금속이 먹이 사슬을 따라 이동하면, 결국 우리 몸까지 들어와 건강에 심각한 문제를 일으킬 수 있어요. 중금속이 우리 몸에 쌓이면 빈혈, 신장 장애, 암 등을 유발할 수 있어요.

또한 토양 속에 있는 해로운 물질들이 바람을 타고 날아가거나 지하수에 스며들면서 대기 오염이나 수질 오염을 일으켜요. 지하수는 우리가 마시거나 농사에 사용하는 중요한 물이어서 오염되면 큰 문제가 돼요. 이렇게 토양 오염은 생태계 전체에 영향을 미쳐요.

이렇게 대응해요!

① 우리 사회는 이렇게 대응하고 있어요

토양 오염도 검사와 토양 환경 평가

'토양환경보전법'에 따라 석유나 유해 화학 물질을 취급·저장하는 시설을 대상으로 토양 오염 여부를 정기적으로 검사해요. 토양 샘플을 채취해 중금속, 벤젠, 톨루엔 등 오염 물질 함유량을 확인하죠. 또 토양 오염이 의심되는 토지를 거래할 때는 토양 환경 평가를 실시해 사전에 오염 여부를 확인하고, 오염의 책임을 명확히 하고 있어요.

토양 오염 정화 명령

만약 어떤 사람이 토양을 오염시켰다면, 정부는 그 사람에게 오염된 토양을 깨끗하게 정화하도록 명령해요. 이 명령을 받은 사람은 2년 안에 오염된 토양을 정화해야 하고, 완료 후에는 정화가 제대로 이루어졌는지 검증도 받아야 해요.

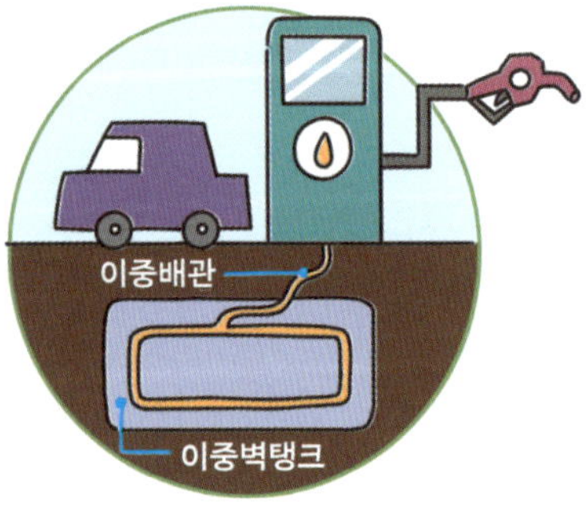

토양 안심 주유소 지정

일반 주유소는 오래 사용할수록 탱크와 배관이 부식되어 기름이 새고, 이로 인해 토양 오염이 발생할 가능성이 높아요. 이를 예방하기 위해 정부는 '토양 안심 주유소'를 지정하고 정기적으로 점검하고 있어요. 이 주유소는 내구성이 강한 자재와 설비를 사용해, 기름 누출을 최소화하고 오염 물질이 토양으로 스며드는 것을 막고 있어요.

② 생활 속에서는 이렇게 대응해요

쓰레기 배출 줄이기

땅에 매립된 쓰레기는 썩는 과정에서 토양 오염을 일으킬 수 있어요. 이를 막기 위해서는 일회용품 사용을 줄이고, 음식물 쓰레기를 최소화하는 등 쓰레기 양을 줄이는 노력이 필요해요. 특히 재활용을 위해서는 쓰레기를 제대로 분리해서 배출해야 해요.

건강한 토양을 위한 식재료 선택하기

화학 비료와 농약을 사용하지 않은 토양에서 재배된 식재료를 선택하는 것도 토양을 지키는 방법이에요. 이런 식재료에는 유기 농산물 인증 표시나 무농약 농산물 인증 표시가 있어요. 이런 식재료를 구매하면 농가에서도 친환경 재배를 지속할 수 있고, 결과적으로 건강한 토양이 늘어나게 돼요.

나무와 꽃 심기

토양을 건강하게 만들기 위해 식물을 심는 것도 좋은 방법이에요. 도시에서도 자투리땅에 나무와 꽃을 심으면 좋아요. 식물의 뿌리는 토양 입자를 단단히 잡아 주어 비나 바람에도 흙이 쉽게 흘러가거나 무너지지 않게 해 줘요. 또 식물 뿌리 주변의 유기물과 습기가 지렁이, 미생물 등이 살기 좋은 환경을 만들어 줘요. 그 결과 토양이 더욱 건강해져요.

8부

생활 속 유해 화학 물질

1 | 화학 물질이 뭐예요?

지구에 있는 모든 것은 화학 물질로 이루어져 있어요. 화학 물질에는 자연에 원래부터 존재하는 것도 있고, 사람이 인공적으로 만든 것도 있어요. 예를 들어 석유나 석탄은 땅에서 나오는 천연 화학 물질이고, 장난감이나 학용품, 가구 등은 공장에서 여러 인공 화학 물질을 이용해 만든 화학 제품이에요.

화학 물질은 우리 생활에서 아주 다양하게 활용되고 있어요. 책상, 의자, 옷, 치약, 샴푸 등 우리가 매일 사용하는 것들은 대부분 화학 물질로 만들어졌어요. 화학 물질 덕분에 우리는 더 편리한 생활을 누리게 되었지만, 화학 물질 중 일부는 우리 몸이나 환경에 해로운 영향을 주기도 해요. 이런 화학 물질을 '유해 화학 물질'이라고 불러요.

실세로 유헤 화학 물질 때무에 큰 피해가 발생한 적도 있어요. 일본의 '카네미 유증 사건'이 대표적인 사례예요. 1968년 일본에서 사람들이 원인 모를 피부병이나 탈모, 피부 변색 등의 증상을 보이기 시작했어요. 조사 결과, 카네미라는 회사에서 만든 식용유로 요리한 음식을 먹은 사람들이 그런 증상을 겪고 있다는 사실이 밝혀졌어요. 카네미 회사는 식용유를 만들 때 'PCB'라는 유해 화학 물질이 들어 있는 파이프를 사용했는데, 이 파이프가 부식되면서 PCB가 식용유에 섞여 들어간 거예요. 이때 피해를 입은 사람은 1만 4,000명 정도라고 해요. 이 사건을 계기로 일본은 1972년부터 PCB와 같은 인체에 해로운 물질을 법으로 규제하기 시작했어요.

2 | 생활 속 유해 화학 물질, 어떤 것이 있나요?

우리 몸에 해로운 화학 물질에는 어떤 것이 있을까요? 대표적인 유해 화학 물질로는 중금속, 프탈레이트류, 폼알데하이드, 비스페놀-A가 있어요. 이 물질들은 어디에서 나오고, 우리 몸에 어떤 영향을 줄까요?

먼저, 중금속은 장난감, 학용품, 액세서리 같은 물건의 색을 내기 위해 사용되었던 화학 물질이에요. 지금은 규제가 강화되어 사용이 줄었지만 일부 제품에서는 여전히 검출되기도 해요. 대표적인 중금속으로는 납, 수은, 카드뮴이 있어요. 이런 물질에 많이 노출되면 뇌와 신경이 손상되고, 뼈와 근육이 약해져서 성장과 학습에 문제가 생길 수 있어요.

프탈레이트는 딱딱한 플라스틱을 부드럽게 만들어 주는 화학 물질이에요. 그래서 말랑말랑한 장난감이나 지우개, 접착제 등에 사용돼요.

대표적인 프탈레이트인 DEHP는 우리 몸의 호르몬 작용을 방해해요. DEHP에 노출되면 신경과 생식 기관에 문제가 생길 수 있어요.

폼알데하이드는 건축 자재, 가구, 플라스틱, 섬유 등에 널리 쓰이는 화학 물질로, 새 집이나 새 가구에서 나는 냄새의 원인 중 하나예요. 공기를 통해 코로 들어오거나 피부에 닿아 몸속에 들어올 수 있는데, 오래 노출되면 눈이 따갑거나 목이 아프고 피부가 가려울 수 있어요.

비스페놀-A는 플라스틱을 단단하고 투명하게 만드는 화학 물질이에요. 음식 용기나 캔 뚜껑, 영수증 등에 들어 있어요. 비스페놀-A가 몸속으로 들어오면 남자는 남성 호르몬이 줄어들 수 있고, 여자는 너무 빨리 성숙해지는 성조숙증이 나타날 수 있어요.

3 | 유해 화학 물질에 어떻게 노출되나요?

유해 화학 물질이 우리 몸에 들어오는 경로는 크게 세 가지가 있어요. 첫째는 '입'이에요. 음식이나 음료가 담긴 용기에 유해 화학 물질이 들어 있을 수 있어서 음식이나 음료를 섭취할 때 유해 화학 물질에 노출될 수 있어요. 특히 어린이들은 물건을 빨거나 씹는 경우가 많아 입을 통해 더 쉽게 유해 화학 물질에 노출될 수 있어요.

두 번째는 '코'예요. 향수나 접착제 같은 제품을 사용할 때 유해 화학 물질이 공기 중으로 휘발되어 퍼질 수 있어요. 이런 물질은 우리가 숨을 쉴 때 코를 통해 몸속으로 들어오게 돼요.

마지막은 '피부'예요. 우리가 매일 사용하는 화장품, 샴푸, 로션, 세제 같은 제품은 피부에 직접 닿아요. 이런 제품에는 다양한 화학 물질이 포

함되어 있는데, 일부 유해 화학 물질이 피부를 통해 몸속으로 들어올 수 있어요.

이렇게 유해 화학 물질은 코나 입, 피부를 통해 우리 몸속으로 들어와 건강에 문제를 일으킬 수 있어요. 대표적인 증상으로는 아토피 피부염, 알레르기 비염, 천식이 있어요. 이와 같은 증상을 '환경성 질환'이라고 해요. 따라서 우리는 제품을 사용할 때 유해 화학 물질로부터 안전한지 확인하고, 주의하며 사용해야 해요.

이렇게 대응해요!

① 우리 사회는 이렇게 대응하고 있어요

안전 확인(KC) 검사

정부는 각종 제품을 안전하게 관리하기 위해 안전 확인 검사를 실시하고 있어요. 제품이 안전 기준에 적합하다는 것이 확인되면 'KC 마크'를 표시해요.

친환경 제품 인증

환경을 생각해서 만든 제품에는 환경표지 인증 마크가 붙어요. 이 마크는 해당 제품을 만들고, 쓰고, 버리는 과정에서 에너지와 자원을 아끼고, 오염 물질이나 해로운 물질의 배출을 최소화한다는 뜻이에요.

어린이활동공간 환경안심 인증

정부에서는 어린이집, 유치원, 키즈 카페 등 어린이 활동 공간이 유해 화학 물질로부터 안전한지 확인하는 '어린이활동공간 환경안심 인증' 제도를 운영하고 있어요. 이 인증 현판이 걸린 곳은 환경 안전 관리 기준을 잘 지키고 실내 공기질도 안전한 수준으로 유지하고 있다는 뜻이에요.

② 생활 속에서는 이렇게 대응해요

KC 마크 확인하기

학용품, 장난감처럼 자주 사용하는 제품은 KC 마크가 있는지 확인하고 사용해야 해요. KC 마크와 함께 친환경 제품 인증을 확인하면 더 좋아요. 제품을 사용하기 전에는 제품에 표시된 주의 사항을 꼼꼼히 읽고 지켜야 해요. 장난감은 입에 넣거나 빨면 안 되고, 표면이 벗겨지거나 페인트가 떨어진 제품은 만지지 않도록 조심해야 해요.

손 자주 씻기

장난감이나 학용품은 오래 쓰다 보면 표면에서 화학 물질이 조금씩 묻어 나올 수 있어요. 따라서 장난감이나 학용품을 사용한 뒤에는 손을 깨끗이 씻어야 해요. 특히 식사하기 전에는 손을 꼭 씻어요. 평소에 손을 자주 씻는 습관을 들이면 유해 화학 물질이 몸속으로 들어오는 것을 예방할 수 있어요.

매일 환기하기

실내 공기 중에 유해 화학 물질이 쌓이지 않게 하려면 집이나 방을 자주 환기해 줘야 해요. 하루에 세 번 이상, 한 번에 30분 정도 창문을 열어 두면 오염된 공기를 내보내고 깨끗한 공기를 들일 수 있어요. 새로 산 가구가 있을 때는 더 자주 환기해야 해요.

부록

주요 환경 기념일

세계 습지의 날 2월 2일

토지 개발, 오염 등의 이유로 사라진 습지의 중요성을 일깨우기 위해 만든 기념일이에요. 이날은 습지에 관한 국제 협약인 '람사르 협약'이 체결된 날을 기념하기 위해 제정되었어요.

세계 물의 날 3월 22일

수질 오염으로 깨끗한 물이 부족해지자 사람들의 경각심을 일깨우고 물의 소중함을 알리기 위해 만든 기념일이에요. 세계 물의 날은 1992년 유엔 총회에서 브라질 리우 회의의 권고를 받아들여 매년 3월 22일로 지정했어요.

식목일 4월 5일

나무를 많이 심고 아껴 가꾸도록 권장하기 위해 만든 기념일이에요. 1982년에 법정 기념일로 지정되었으며, 2006년부터 공휴일에서 제외되었어요.

지구의 날 4월 22일

기후 변화의 심각성을 인식하고 온실가스 감축을 위해 만든 기념일이에요. 지구의 날에는 전 세계가 일상생활에서 온실가스를 조금이나마 줄이는 실천을 해 보자는 의미에서 10분간 소등(불을 끔)을 하는 특별한 행사를 진행해요.

세계 생물다양성의 날 **5월 22일**

생물다양성 협약이 발표된 5월 22일이에요. 생물다양성의 중요성을 알리고 인식을 높이기 위해 유엔이 지정했어요.

세계 환경의 날 **6월 5일**

환경 보전에 대한 인식을 높이고 환경 보호 실천을 생활화하기 위해 만든 기념일이에요. 이날은 1972년 '유엔 인간 환경 회의'에서 제정되고 그해 유엔 총회에서 채택되면서 시작되었어요.

세계 해양의 날 **6월 8일**

바다를 깨끗하게 보전하고 그 중요성을 널리 알리기 위해 만든 기념일이에요. 이날은 1992년 리우 회의에서 캐나다가 제안한 기념일로, 2008년에 유엔에서 공식 세계 기념일로 채택했어요.

세계 사막화 방지의 날 **6월 17일**

사막화의 심각성을 알리고 방지하기 위해 만든 기념일이에요. 사막화는 건조한 지역에서 숲과 초지(풀이 나 있는 땅)가 사라지고, 강과 호수가 메마른 사막으로 바뀌는 현상을 말해요. 유엔에서 사막화 방지 협약을 채택한 날을 기념하여 매년 6월 17일로 지정했어요.

에너지의 날 8월 22일

에너지의 중요성을 깨닫고 전 국민이 에너지 절약에 동참하자는 취지에서 2004년에 지정된 기념일이에요. 매년 에너지의 날에는 에너지 소비량을 줄이기 위해 에어컨 끄기 행사, 전등 끄기 행사 등을 시행해요.

자원순환의 날 9월 6일

폐기물도 소중한 자원이라는 인식을 높이고, 생활 속 자원순환 실천의 중요성과 의미를 널리 알리기 위해 지정된 기념일이에요. 9월 6일의 9와 6은 서로를 거꾸로 한 숫자로서 순환의 의미를 지녀요.

푸른 하늘의 날 9월 7일

대기 오염에 대한 경각심을 높이기 위해 제정한 기념일이에요. 오염을 줄이고, 맑고 깨끗한 대기를 유지하기 위해 국제적 협력을 강화하자는 취지로 제정했어요. 이 날은 우리나라가 주도해서 제정된 최초의 유엔 기념일이에요.

세계 오존층 보호의 날 9월 16일

오존층 파괴의 심각성을 알리고 오존층을 보호하기 위해 유엔 총회에서 제정한 기념일이에요. 몬트리올 의정서의 채택일인 9월 16일을 세계 오존층 보호의 날로 지정했어요.

세계 동물의 날 10월 4일

멸종 위기 동물을 보호하고 동물과 인간의 유대감을 강화하기 위해 만든 기념일이에요. 이날에는 전 세계적으로 동물 보호를 위한 다양한 활동이 진행돼요.

산의 날 10월 18일

2002년 유엔에서 '세계 산의 해'를 선언한 것을 계기로, 산의 가치와 중요성을 알리고 산의 소중함을 일깨우기 위해 산림청이 만든 기념일이에요.

세계 토양의 날 12월 5일

토양의 중요성을 널리 알리고 토양을 보호하기 위해 만든 기념일이에요. 2013년 유엔 총회에서 매년 12월 5일을 세계 토양의 날로 선포하면서 시작되었어요.

내일도 지구에서 신나게 지내려면

미래를 지키는 환경 상식

2026년 1월 2일 1판 1쇄

글쓴이 조성문 | **그린이** 신병근, 조금상

편집 최일주, 이혜정, 홍연진 | **디자인** 이은돌
마케팅 양현범 | **홍보** 조민희 | **제작** 박홍기
인쇄 코리아피앤피 | **제책** J&D 바인텍

펴낸이 강맑실 | **펴낸곳** (주)사계절출판사 | **등록** 제406-2003-034호
주소 (우)10881 경기도 파주시 회동길 252
전화 031)955-8588, 8558 | **전송** 마케팅부 031)955-8595, 편집부 031)955-8596
홈페이지 www.sakyejul.net | **전자우편** skj@sakyejul.com
페이스북 facebook.com/sakyejulkid | **인스타그램** instagram.com/sakyejulkid
블로그 blog.naver.com/skjmail

ISBN 979-11-6981-413-3 73400
ISBN 979-11-6981-159-9 (세트)